산골 농부의 풍경이 있는 시

시에시선 **079**

산골 농부의 풍경이 있는 시

기복진 시집

詩와에세이

차례__

제1부 생의 사중주(四重奏)

혼자만의 밤길 · 11
곶감 · 12
대빗자루 · 14
엄마 아부지를 불러봅니다 · 16
눈물 흘리는 법 · 18
반월도(半月刀) · 20
화장(火葬) · 22
고상함은 그냥 오지 않는다 · 24
비로소 보이는 것 · 26
생의 사중주(四重奏) · 28
달빛 바다 · 30
서산이 붉어질 때쯤 · 32
그리움도 익으면 · 33
돌 하나 · 34
꼬부랑 할매 · 35
다슬기 잡기 · 36
우물 터 · 38

제2부 압록에 와 보라

고목(古木)의 몸부림 · 43
1월의 개나리꽃 · 44
압록에 와 보라 · 46
비상(飛上) · 48
등대 · 50
가장굴 · 52
꽃 진 뒤 · 53
가시 없는 자 누구랴 · 54
달님이시여 · 56
반송마을 느티나무 고백 · 58
지리산 거북이 · 60
천장(天葬) · 62
이끼 꽃 · 64
친구여 부디 · 66
봉정저수지에서 · 68
꽃이라고 다 꽃이랴 · 70
한 번은 꼭 겨울이 온다 해도 · 72

제3부 보성강 돌탑

이방인(異邦人) · 75
촛불 · 76
빈 의자 · 78
매실을 사랑한 매화의 고백 · 80
홍시 · 81
눈물 주먹 · 82
여름풀 · 84
보성강 돌탑 · 86
폭설의 시간 · 88
독섬 · 90
7시 49분 · 92
히어리꽃 · 94
배롱꽃 피는 길 · 95
쉼 · 96
돌을 보면 쌓고 싶다 · 98
억새 춤 · 100

제4부 결

단풍잎 하나 · 103
까치밥 · 104
낙엽끼리 · 106
강아지풀 · 107
기어이 사라지고 · 108
봄눈 사라지듯 · 109
반송마을 · 110
어쩌다 죽었다냐 · 112
결 · 114
오백 원어치 안부 · 116
청미래덩굴 · 118
그렇고 그런 사이 · 119
너른 들판 꽃 한 송이 · 120
시집 · 121
피(龘)의 기도 · 122
우체통 · 124
봉황섬터에서 · 126
무심한 밤 · 128
시시포스도 아닌데 · 130

해설 | 이기철 · 133
시인의 말 · 142

제1부

생의 사중주(四重奏)

혼자만의 밤길

햇살이 잠든다
앞산도 잠든다

앞도 뒤도 없이
홀로
길을 잃었다

악으로 깡으로 용을 써본다
눈물조차 마르고

예서 멈출 수 없다
일어나 가보자

저—기
누구 없소?

곶감

빨랫대에 걸린 곶감
나란히 나란히

바람도 햇살도
곱게 익었다

오며 가며 하나씩 먹는데
천국의 아부지 말씀하신다

―그렇게 먹으면 맛있냐?

몰래 빼먹다가 걸려
아부지께 디지게 혼나던,
곶감은 아부지의 핏줄

빨랫대에 걸린 곶감 하나
급히 빼먹는데

목에 걸렸다

대빗자루

밀려오는 그리움처럼
하얗게 밤을 채운다
여기저기 쏟아지는 눈발
추워질수록 더 채워지는 골목길
깜깜한 추억을 비추는 가로등 불
한겨울 한밤중엔
그리움만 새록새록 쌓인다

얘야, 얼른 나가 눈 쓸어라
예 아부지……
아버지 손가락 같던 대빗자루
눈물나게 손 시리면서도 기어이 찾아내고
부리나케 튀어나가 밤새도록 내린
웬수같이 쌓인 눈을 사정없이 쓸어낸다

쓸면 쌓이고 쓸면 쌓이는 마당을 넘어
뼈대만 남은 대빗자루, 등불 삼아
골목길을 나서고 골목길을 누벼

옆집 앞에 이르고 앞집 앞에 이르고 마을 앞에 이르면
언제나 남는 건
족보 같은 내 발자국
앙상한 대빗자루 하나

몸서리치도록 추웠던 그날
눈부시게 아름답던 햇살 따라
꼬마가 쓸어 놓은 길 따라
기어이 기어이
마을을 떠나가신 아버지는
여태 부재중……

엄마 아부지를 불러봅니다

털, 털, 털,
동네의 할매 할배, 늙어버린 경운기 몰고
언덕 넘어 밭으로 갑니다
내가 걸어가는 시간보다 더
느리게 느리게
어쩌면 그렇게 시간이 늦게 가길 바라는지도 모릅니다
저는 한참을 제자리에 멍하니 섰습니다

문득,
하늘에 계신 엄마 아부지께 전화를 하고 싶어집니다
그곳에서 평안하시냐고,
그렇게 일찍 가서서 좋으시냐고 여쭙고 싶어집니다
살아 계신다면,
저 경운기 모는 어르신 같으실
엄마 아부지께
왜 그렇게 먼저 가셨냐고 따지고 싶습니다

점심이나 제대로 드셨을지 궁금해지는 시각,

진지 한 번 못 차려 드린 막내는
오늘도 무거운 마음으로
엄마 아부지를 불러봅니다

눈물 흘리는 법

시도 때도 없이 짜는 건
눈물이 아닙니다

긴 겨울 견디며 기다리던 봄이
아직은 더디다고 해서
흘리는 건 눈물이 아닙니다

겨울을 못 견디고 봄을 기다리지 못한
고통, 삭이고 삭여
눈물의 짠맛 다 걸러낸 정수라야
눈물입니다

살겠노라, 쏟아 내는 울음은
결단코 눈물이 아닙니다
살아 있음의 끝자락과 죽어감의 문턱에 설 때라도
한 송이의 꽃에 온 맘을 두지 못하는
딱 한순간,
단 한 번 맺혀야만 눈물입니다

반월도(半月刀)

이건 반월도
어쩌면
어둠을 벨 거야

오늘은
저 달로
잘 드는 저 칼로
나를 베어보자
시퍼렇게 살아나도록 베어보자

어쩌면
별 하나 딱 하나
살아날 거야

화장(火葬)

단체로 풀 베는 아침
새참은 빵과 물

비닐에 갇힌 밀가루 빵
플라스틱에 잠긴 암반수
유통 기한이 길다

자연에 살리라 말해도
인공(人工)으로 채운 영생 불사의 꿈

꺾이면 금세 흙이 되는 풀이
내게 진심으로 권하는 말

넌 화장해야 쓰겠다

고상함은 그냥 오지 않는다
—삼잎국화

자연을 닮은 꾸지뽕밭
잡초 무성한데
밭 귀퉁이 삼잎국화 한 포기
끝내 꽃 피웠다

꽃을 피운 구할은 잡초였다
햇살 나면 함께 쬐고
바람 불면 같이 흔들리고
비 내리면 함께 젖다가
클 때는 같이 크고
잘릴 때도 함께 잘렸다

귀퉁이 삼잎국화
위령비마냥 남겨둔다
잡초 벤 뒤
나를 닮은 꾸지뽕밭에

*고상함: 삼잎국화 꽃말

비로소 보이는 것

마을 앞 무성했던 느티나무
소리 소문 없이 다 비웠다
겨울이다
더 늦기 전 비웠을 터,
동족의 살 뜯어 먹는다는 갈치의 비늘 벗겨내듯
맨 밑바닥에 쌓여 굳어진 뒤꿈치 각질 벗겨내듯
한 잎 한 잎 털어냈겠지
옆구리에 차고 있던 엽전들도 털어내고
두 손에 쥐고 있던 금빛 명패도 털어내고
머리에 쌓아 뒀던 허영(虛榮)도 털어냈다
그 나무를 본다
비로소 보이는 것들 있다
하늘 아래 첫 집
허공에 터 잡은 새들
날고 싶었던 게 아니다
그저 다 버렸을 뿐
하늘을 더 가까이 두었을 뿐
먹고살기 위해 집을 나서는

또 하나의 살 붙이려 애쓰는
낮에 느티나무 하나 비로소 보인다

생의 사중주(四重奏)

탁자로 쓸 나무 전선 바퀴
마당에 놓았더니
햇살과 바람과 비가 거기서 놀았지요

마당 탁자의 틈새 골짝
아무도 모르게 숨어 있던 해바라기 씨앗 몇 개
햇살이 웃어주고
빗방울이 울어주고
바람이 위로해 주고
하늘이 안아주어
풀 죽던 씨앗 봄을 얻듯 싹 틔웠지요

비록 한 생애
혹 꽃을 피우지 못한다 하여도
또는 열매 맺지 못한다 하여도
그대, 이미 이룬 생(生)
그대는 생의 사중주(四重奏)

오늘도 나는 그대에게 갑니다

달빛 바다

구경하는 데,
풍덕뜰 코스모스 꽃바다

마중 나오는 건,
시월 해 질 녘 만삭의 달

엄마를 닮았네

살아 생전,
땅만 파다 호미 같던 엄마

꽃구경 한 번도 못 간 엄마
가본 데는 오직
뒤안 장독대 달빛 바다

달이 된 지 이십육 년 만에
엄마, 꽃구경 왔나 보다

막내 따라 왔나 보다

서산이 붉어질 때쯤

서산이 붉어질 때쯤
서글프게 귀가하는 한 분이 있지요
집엘 들어가도 반겨줄 이 없이
홀로 밥상 아닌, 저녁을 때우고는
곤한 육신 테레비 앞에 누이고는
이내 코를 고는
한 분이 있지요
불타는 금요일이라고 보름달보다 더 밝은
네온사인 거리 들쑤시고 있을 자식을
전혀 알 리 없이
잔뜩 굽어진 허리에 신음하고 있을
한 어머니가 있지요

그리움도 익으면

이제사 보았습니다
그리움도 익으면 꽃이 된다는 걸

갈 수 없어 애타게 불러보다
목이 메면 비로소
꽃이 되는 걸 알았습니다

강을 건너야만 만날 수 있는 임을,
임을 위해
목메도록 그리워하다가 꽃이 되는 걸
해 질 녘 잿빛 하늘 아래서 보았습니다

그리움에 메는 목마름으로
섬진강 옆 흔들리는 풀도
마침내 꽃이 됩니다

그리움도 익으면 꽃이 되는 걸
이제야 알았습니다

돌 하나

태평리 보성강 초입
둥근 돌 하나

신풍 뒤 통명산 큰 바위
골짝 따라 물길 따라 내려온
천 년 전 큰 바위

천만 번 구르고 깎인 후
천 년 후 오늘
슬며시 내게로 온
꽉 찬 돌 하나
둥근 돌 하나

꼬부랑 할매

어머니는 꼬부랑 할매였지요
꾸부정한 허릴 동여매고
동트기 전 돌짝밭 근심을 뽑고
남편 없는 어둠 따라 들어오시곤 했지요
변변한 땅뙈기 하나 없이
멧돼지 고라니 어스렁대는 산골짝
쥐꼬리만 한 돌짝밭 남기고 간
지아빌 찾아
외로운 산새마냥
날이면 날마다 땅을 파헤쳤지요
졸졸졸 쫓아다닌 자식새끼들
하나둘 떠나가도
어머니는
날마다 지게 지고
돌짝밭으로 가셨지요

돌짝밭에 계시지요

다슬기 잡기

섬진강 강물에 숨어 사는 다슬기
어둠이 산 그림자로 내려오면
야습의 중무장을 한 채
얕은 진지로 일제히 돌격

막걸리 간절한 촌부는
무심하게 맨손으로 줍고

생과 사의 한 판 승부
섬진강만큼이나 싱겁다

우물 터

반송마을 뒤편
말라버린 우물이 있다
아낙들이 빨래하고
아이들이 물 긷느라
쓰고 쓰던 물은 차오르기만 했는데
상수도 물길 따라 집집마다
물이 넘쳐 우물은 말라버렸다
추억이 말라가는 우물엔
머리에 인 단짓물에 온몸을 적시던 가시내도
어설프게 손에 쥔 바께쓰에 무릎 까이던 머시마도
말라버린 이끼처럼 떨어져버렸다
비가 와도 채워지지 않는 우물에
마을도 텅 비었다

제2부

압록에 와 보라

고목(古木)의 몸부림

반송마을 앞 느티나무
400년 홀로 그 자리

햇살 따라 이리 뒤틀
바람 피해 저리 뒤틀

몸부림치며 오른 하늘

눈부시게 맑다
눈물나게 깊다

하늘 향한 몸부림

1월의 개나리꽃

감천동엔 숲이 있습니다
미어터질 언덕에 터를 잡고
다닥다닥 꿈과 꿈을 잇고
바람맞고 피던 꽃이 있습니다

언제 끝날지 모르는 생
언제 꽃 필지 모르는 생
하여
너 나 할 것 없이 꽃 피우려
방정맞게 꽃 피우려
바람맞고 피는 꽃이 있습니다

왜 그리 사느냐고
왜 그것 뿐이냐고
철없이 피는 꽃이라고
욕먹어도 욕되지 않은 꽃
수없이 흔들려서 피어난 꽃
감천동 숲엔 옹기종기

때 아닌 꽃이 피었습니다

압록에 와 보라

어느 땐들 바람 불지 않았으랴
여기
바람 불어 강물 되돌리는 곳
강과 강이 만나 강물 역류하는 곳
압록에 와 보라
삶을 허투루 건너서는 안 된다는,
생을 얕잡아 봐서는 안 된다는,
숙연함을 가르치기 위해
바람 불어 강물 되돌리는
압록에 와 보라

여기
압록에 서 보라
언제나 삶은 역류하는 바람
언제나 삶은 회오리치는 만남
만나서 깊어지고
만나서 깎여져서
언제나 바람이 되는 생의 언저리에

꽃밭이 있음을 보라

*압록: 섬진강과 보성강이 만나는 곳

비상(飛上)

잿빛으로 꽉 막힌 하늘
물도 바람도 모두 조는 날
힘겨운 날갯짓 짓고
떨어지는 눈물 지어
날자

날고 싶다

강물마저 풀밭,
강물 따라 흘러갈 인생
한 번쯤 반역과
또 한 번쯤 탈선을
꿈꿔 날아보자

힘껏 날고 싶다

등대

꿋꿋했다
일렁이는 어둠 속에서도
몰아치는 바람 속에서도
꿋꿋하게 기다렸다

따뜻했다
물속 깊이
깊이 잠들었던 해에게도
어둠 속 깊이
깊이 헤매던 쪽배에게도
따뜻하게 기다렸다

떠밀려 세워진 삶에도
떨어져 외딴 살이에도
홀로 불 밝혔다

홀로 불 밝힌다

가장굴

대대로 갓난애들이 죽어 버려지는 곳
채 피지도 못하고
죽어서도 제대로 묻히지 못해
귀신으로 남아 논다는 그곳

두 물이 만나 회오리치는,
소용돌이치는 압록에서
백발의 한 여인이 흐느낀다
폭우로 흙탕물 된 섬진강 가
갓 피기 시작한 코스모스 널브러진 곳에서
영정 사진과 음식을 진설한 채
사진 속 젊은이는 웃고 있다
향(香)은 꺼진 채
여인은 장승처럼 서 있고

가장굴은 거기 있었다

꽃 진 뒤

절대 울어선 안 된다
빗물 지고
꽃 떨어진
봄이
봄 같지 않아도

눈물은 숨겨야 한다
꽃 진 뒤
더 그리울
꽃이기에

가시 없는 자 누구랴

가시 없는 자 누구랴
투명한 설움 없는 자 누구랴
칼날 같은 탯자리엔 유랑의 뿌리만 남겨지고
독기 품은 허공엔 독설의 부엽만이 떠돈다

가시 없이 사는 자 누구랴
가시 없다 말할 자 누구랴
갈망하는 청명의 자리마다 피어나는 가시 꽃을
안팎의 유혈만이 드러내는 순수를
외면할 자 누구랴

살고 살아오면서
가시를 모르는 맹물이 진국이랴
가시를 피우지 못한 불구가 실과이랴

가시 돋친 그대,
개선장군처럼 당당하라!

달님이시여

힘드신가요?
달님이시여,
날이면 날마다 만월(滿月)이길
비옵고 빕니다만
힘드신가요?

달님이시여,
힘내소서 힘을 내소서
잡초 같은 먹구름
밀어내고 밀어내소서

사는 게 사는 게 아닌,
어둠은 언제나 가깝고
구름은 자주 밀려드는
밤일지라도
달님이시여, 힘을 내소서
비옵고 비옵나니
달님이시여

만월(滿月)의 그날까지
힘을 내소서

반송마을 느티나무 고백

자—알, 살았지

극심한 기온 차가 만든
안개는 날마다 용오름이었어
바람통에 살았지만 결코
휘어지진 않았지

비록 바람에 밀려
잎들 모두 잃었어도
이젠 바람에 걸리지 않아
자유를 안 거야

비로소 나는 사랑을 얻었지
내게 다가온 그대를
품을 수 있는 사랑을
내게 둥지 트는 그대를

차—암, 잘 살았어

지리산 거북이

가랑비 오락가락하는데
거북이 산다는 구재봉 아래
바람이 만든 텅 빈 마당
느티 한 그루만이 그대를 기다립니다

혼자서 축축이 젖은 채
한바탕 생이 지나간 산간 들판에서
그대, 무성했기를

가을이 지는 소리도 없이
저 홀로 지는 그리움을
온몸으로 진 채
그대, 무거웠겠죠?

가을이 가고 겨울을 버틴 뒤
또다시 봄이 올지라도 그대여,
불꽃이 일던 봄을 쌓다가
붉게 물든 잎들처럼

그렇게 다시 타오를까요?

바다를 버린 거북이
여기 지리산 모퉁이에 둥지를 틀었다는데
그대여,
그대는 여전히 바닷가를 맴돌겠죠?

구재봉 아래 느티처럼 그대를 기다리며
전(全) 생에 쌓인 붉은 상처들
각질 벗기듯 털어낼 수 있기를

저 홀로 하늘 앙망하며

천장(天葬)

덕지덕지 붙은 살들

하늘에 발라내고

여기저기 엉킨 뼈들

흐린 달빛에 쐬다

별 하나 새기는 날

이끼 꽃

이끼에도 꽃이 피었구나

눈물 머금고
꾸역꾸역 살아온,
때 묻은 청춘마저
금이 간 채

피를 토해 피었구나

친구여, 부디

친구여,
한 해가 다 채워질 무렵
하루가 다 닳아질 무렵
여긴
눈이 내리다가 비로 바뀌고
비가 내리다가 눈이 내리네
거센 바람에 떠도는 낙엽처럼

친구여, 우린
한때 큰길을 가겠다고 큰소리 쳤었지
하루하루 다를 거라 말했었지
허나 지금
너는 어느 골목에서 서성거릴 테고
나는 어제 같은 오늘에 휘청인다네

친구여,
늦은 겨울밤 홀로 가는 친구여
때로는 흔들리고 비틀대는 친구여

그래도 우린
가야 할 길을 가야겠지
써야 할 시(詩)를 써야겠지

친구여, 아는가?
눈비 내린 겨울밤에도 때론 별이 보이고
홀로 가는 밤길에도 자주, 빛이 보이는 걸
그러니 친구여,
부디 노래하시게
부디……

봉정저수지에서

불현듯
해가 저물 무렵 오고 싶었다
산으로 둘러싸인
용의 전설이 있는
이곳에서
바다를 만나고 싶었다
승천할 수 없어 전설이 된
용이라도 보고 싶었을까
겹겹의 산처럼 답답할 때면
무작정
뚝 떨어져 나간 섬을 찾곤 했었다

어둠이 수면을 타고 오는데
섬을 갈 수 없는 산골
산중턱의 섬에서
산협(山峽)을 가르는 돛단배를 그린다
고함 한 번 지르니
온 산이 내게 외친다

괜찮다고
괜찮다고

꽃이라고 다 꽃이랴

봄이라기엔 아직 이른 이월
매화 꽃망울에 빗방울이 폭죽처럼 매달렸다

터뜨려지기까지 안간힘 쓰며
허공을 꽉 잡고 힘겹게 기어오르는
너를 바라본다
눈물로 꽃 피울 너를

지난여름 뜨거웠던 날
애써 키운 자식들 다 뺏기고
아직도 버티는 이 겨울엔
뿌리 끝까지
송두리째 얼음이 된 너였음을 기억하노니
너가 비록 만리인향(萬里人香)*의 꽃일지라도
어찌 아픔인들 없었으랴

꽃이라는 이름으로 불린다 한들
꽃이라고 다 꽃이랴

채 피우지 못해 지는 꽃도 있으며
눈물 없이 피는 꽃도 있으니

너는 비록
눈물로 피고
웃음으로 진다 하여도
너 만한 꽃이 어디에 있으랴

눈물 없이 피는 꽃도 꽃이랴

*인향만리(人香萬里: 사람 향기는 만리를 간다)의 변주

한 번은 꼭 겨울이 온다 해도

시베리아 고기압이 남하한다는데
실체도 흔적도 보이지 않아

기어이 오고야 만다는데
겨울은 꼭 한 번은 오고야 마는가

북쪽 고개 넘어 밀려드는데
번번이 당하기만 해야 하는가

벌판을 점령한 겨울, 겨울에도
봄 싹 틔우는 농부처럼

모조리 빼앗긴 벌거숭이 나무여도
모름지기 봄을 심어야지

한 번은 오고야 마는 겨울이라면 꼭
한 번은 또 봄이 오리라

제3부

보성강 돌탑

이방인(異邦人)

무성한 쑥밭에
금계국 딱 한 송이

그는 이방인(異邦人)!

때론 바람 잡아 흔들어 보고
때론 벌을 불러 가슴을 도려내도

끝내
노랑 물을 들였다

촛불

오늘만은 딱 한 개라도
촛불을 켜겠습니다
오로지 당신만을 위하여

해는 아직 남아서
하루를 다 채우지 못해도
오늘만은 꼭
당신의 하루가 풍성하기를
빌고 또 빌겠습니다
마침내 보름달 되기까지

비록 당신은 홀로
이 땅을 힘겹게 버틸지라도
저는 달님에게 빌겠습니다
당신의 빛나는 하루를 위하여

촛불 하나 가득 태우기까지
오직 당신을 위해 기도하겠습니다

달빛 가득히 당신에게 임하도록

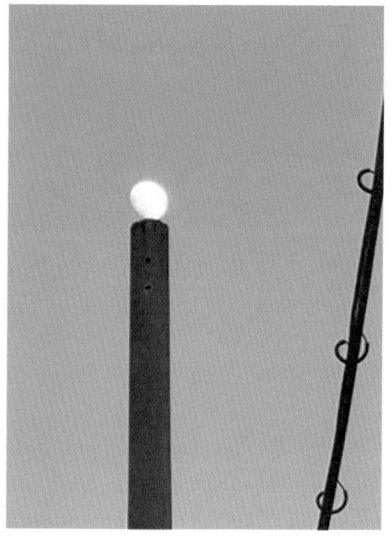

빈 의자

과부 함안댁, 평생토록
가로등 아래 의자 하나 두었네
날 밤 새며 기다렸네

전쟁 통에 사라진 남편
돈 벌러 나간 자식들
행여나 돌아올까
차마 불 끄지 못했네

어느덧 기다림은 늙고
기다리고 기다리다
당신께서 나가셨네

가로등 아래 빈 의자
함안댁을 기다리네
혹여
돌아올까 기다리네

매실을 사랑한 매화의 고백

차갑디차가운 온기를 몰고 온
사랑입니다
견딜 수 없는 그리움으로
온몸은 촉수를 내고
사무치는 서러움은
온몸을 새하얗게 물들입니다
하마 올까, 하마 볼까,
목 빠지게 기다려 보지만
미처 몰랐습니다
나에겐 그대의 자리가 없음을,
내가 져야 그대가 올 수 있음을

아,
사랑은 차갑디차가운 뜨거움인 걸……

홍시

가을에 가는 건
갈잎만은 아닌 걸
가야 할 길을 버린
가난한 마음
가던 길을 잃은
가면의 마음

가을에 보내야 하리

꽃 지고 잎 지니
남은 건
가을 끝 홍시
가야 할 길의
끝

눈물 주먹

시멘트로 포장된 농로 옆
마구 잘려 나간 어미 대[竹],
가까스로 빚어낸
새끼 하나

밤새도록
들판에 외로이
알몸으로 꼭 쥔
눈물
주먹 하나

여름풀

나도 그러고 싶다
산에도 그렇고
들에도 그렇듯
내게도 온통 푸른 잎들로 채우고 싶다
알맞은 물과 햇살이 퍼진
가슴 깊이 뿌리내린
풀밭이 되고 싶다
때론 고라니가 놀다 가고
어쩌면 멧돼지도 놀다 가는 곳
깎여도 자라나고
꺾여도 살아나서
여기저기 푸른 나라 만드는
여름풀처럼
입에서도 푸른 풀을 내고
귀에서도 푸른 잎을 내고 싶다
가끔은
땀내 나는 겨드랑이에서도 꽃을 피우고 싶다
그러나 어쩌랴,

난,
너무나도 자주 사막에 머물렀고
허겁지겁 신기루만 좇았던 것을

보성강 돌탑

숨 가쁘게 달려온
보성강 끝자락에
가슴 깊이 새긴 돌탑 하나 섰다
주름처럼 패인 물결에도
아우성치는 물소리에도
돌 하나에 꿈 하나 새겼다

산다는 건
언제나 꿈을 쌓는 일
비틀대면서도 버릴 수 없는
무너지면서도 끝낼 수 없는
강물 같은 생에
돌 하나쯤 세우는 거다

폭설의 시간
―까마귀의 고백

눈 쌓인 눈물을 어쩌랴
며칠째 눈은 내려
들판은 메워지고 둥지를 옮겨야 했다

여긴 안전하겠지, 쉬는 한숨에
맥없이 눈발이 날린다
거목에도 둥지에도 눈은 쌓인다

겨울엔 눈이 최고라고
눈이 와야 겨울이라고
철없이 철없던 말들

살아야지 살아야 해
찾아야지 찾아야 해
눈물 내린 자리 그대로
눈이 되어 쌓인다

밀려난 끝자리 지상의 끝자리

하늘 문은 열릴까, 열어볼까
눈에 가려 눈앞이 어둡다

겨울, 겨울 내내 버텨야지
겨우 겨우 버티고 버텨야지

눈이 쌓여 눈물 흘려도
세상 끝이라도 끝까지
살아야지 살아내야지

독섬

독섬!

때론 큰물에 잠겼을 터,
자주 햇살에 데였을 터,

견디고 견디던 나날들
아팠고 아파하던 하루하루

때론 풀씨가 날아들었고
때론 이슬이 내려앉았고
때론 새들이 머물렀었고

시간이 세월이 되는 어느 때,
독섬에도 나무 한 그루 피었다

*독: 돌의 전라도 사투리

7시 49분

7시 49분,
시계는 멈춰 있다

화포항 길 따라
바람 피해 앉은 기와집 한 채
녹슨 시멘트 담장 너머
처마 밑에 걸린 늙은 시계
생의 끝에 대문은 잠겼다

언제였을까
아침일까 저녁일까
봄일까 여름일까 아니면
가을일까 겨울일까

저녁에 멈춘 인생이길
겨울에 멈춘 삶이길

아무도 찾지 않는

빈집일지라도 부디
그랬기를

히어리꽃

봄을 노래했더니
봄이 노래하더라

사랑을 노래했더니
사랑이 찾아오더라

봄 같은 그대, 노래하니
그대는 늘 봄이더라

히어리 히어리 노래하니
휘어리 휘어리 춤추더라

*히어리 꽃말: 봄의 노래

배롱꽃 피는 길

긴 장마 지고,
피는 건 햇살만이 아니다

북쪽 고개 넘어 가는 길옆엔
붉디붉은 배롱꽃 진땀 내며 피는 중이다

길 따라 길게 길게 도열한 배롱나무
한창 죽음을 따라 끝없이 피는 중이다

이무기의 피를 묻힌 채,
절벽으로 사라진 임을 따르는 중이다

태양보다 더 뜨거웠던 다짐보다
더더욱 처절했던 사랑의 끝을 따르는 중이다

북쪽 고개 넘어간, 너무 뜨거운 사랑에
배롱나무 흐느끼며 상여 메고 가는 중이다

쉼

홀통 갯벌

쪽배 하나

썰물에 포박

쉼,

꽉 꽉 실은 채

*홀통: 전남 무안군의 지명

돌을 보면 쌓고 싶다

돌을 보면 쌓고 싶다
큰 돌 작은 돌
잘생긴 돌 못생긴 돌
가릴 것 없이 한 데
어울리게 쌓고 싶다

돌만 보면 쌓고 싶다
지구를 떠받칠 대들보처럼
튼튼하게 큰 돌 놓고
외줄 타는 광대의 발놀림처럼
절묘하게 하늘 가는 징검다리 놓고 싶다

돌을 보면
탑이라도 쌓고 싶다
패잔병처럼 널브러진 돌들
하나씩 하나씩
여기저기 끼워 맞춰
잊혀지지 않게 쌓고 싶다

억새 춤

춘다 춤을
불러서 바람을
일으킨다 절망을

구름 한 점도 뺏겨버린
한줄기 피도 말라져 가는
무간지옥 밑바닥에서 피는

절망을 일으키려 기어이
죽은 바람을 불러 끝끝내
춤을 춘다 춤을

제4부

곁

단풍잎 하나

외롭지 않으려 붉게
추하지 않으려 꼿꼿이
마지막 정열을 쏟는다

이미
서리는 내려앉았고
눈발은 내리쳤어도

너의 마지막은
온전히 너의 것이리

까치밥

가을 끝

마지막 보시(普施)

허투루 할 수 없기에

우주의 온 기운

담고 또 담다

낙엽끼리

밤새 추위에 떨던
눈물진 고독
차가운 콘크리트길
수(繡) 놓다

한 잎 두 잎 세 잎
낙엽끼리 어울리다

낙엽끼리 미소 짓다

강아지풀

사실,
흔들리지 않았던 적은 없었다
다만,
흔들리지 않으려 했을 뿐

낮에는 하늘을
밤에는 별님을
흐느적거리며 보았을 뿐

그러다가
전혀 꽃답지 않은 꽃이 피었고
아주 작은 씨가 맺혔을 뿐

사실 난,
늘 흔들렸을 뿐……

기어이 사라지고

단 한 번의 생(生)
누구는
잠시 소풍 왔다 간다 하지만
맑은 하늘은 구름을 멈출 수 없고
맑은 강은 물을 멈출 수 없다

어느 때 어느 곳에
큰 바위 작은 돌 되어
가끔은 물살에 젖고
또 가끔은 햇살에 젖는다

어느 때
기어이 사라지고
흔적마저 바람인들 기억하랴

또, 한 사람
생을 마감했다

봄눈 사라지듯

오전까지 꾸욱 꾸욱 쌓였는데
오후 반나절 깡그리 사라지나

입춘 지나도 봄은 아닌데
그 많던 눈은 누가 다 먹었나*

여덟 새끼 먹이려 이 골짝 저 골짝 뒤지다
구걸할 데도 없는 멧돼지가 먹었나

살기 위해 뿔뿔이 헤매다
갈증이 그립고 서러운 고라니가 먹었나

아직 봄은 아닌데 봄은 아닌데
그 많던 눈은 누가 다 먹었나

*박완서 『그 많던 싱아는 누가 다 먹었을까』에서.

반송마을

꼬부랑길 따라 늙어가는
고향 마을엔 감나무도 꼬부랑

꼬맹이들 안 보이는 어디선가
꼬부랑 할배들 노시는가

안 보이시네
바람 소리만 시퍼렇고

어쩌다 죽었다냐

야! 야! 니는 어쩌다 죽었다냐
조심해서 가지 그랬냐

노파의 음성을
허공에 보낸 채 깊이 잠들기를

삶이 슬픈 건지
죽음이 슬픈 건지

하늘은 온통 먹통이다

곁

동녘 밤하늘 먹구름 사이
별 하나,
곁엔 보름달 떴네

소년이 산길 걸어 하교하던 밤엔
초승달도 뜨지 않았는데

가을이 된 소년,
어느새
별은 서산에 머물고
지나온 길에 곁들인,
보름달

달빛 따스하네

오백 원어치 안부

인적 없는 고개에
겨우 목숨 부지하는 고목같이
무심히 선 채 기약 없이
오늘도 기다리는 공중전화기

불현듯 그대에게
전화를 걸고 싶었다
바스라져 가는 희미한 번호 값
백 원짜리 동전을 넣고
그리움을 삭힌 열 개의 단추를
꾸욱 꾸욱 눌러
그대와 추억으로 잇고 싶었다
허나 텅 빈 주머니엔 동전이 없고
잊혀진 이름엔 그대가 없다

그대여,
딱 오백 원어치 안부라도
잘 있기를

청미래덩굴

빨갛게 익었다
찬바람이 몰고 온 냉기에도
한데 어울려 반짝인다

몸뚱아리엔 가시를 달고
제 몸도 가누기 힘들어
여기저기 손을 뻗치고 살면서도

열매만큼은 남부럽지 않은 청미래덩굴
옹기종기 모였다

그렇고 그런 사이

망망대해 표류하는 달 따라
묵묵히 따라가는 별 하나

외롭지는 않겠구나

너가 앞서든 내가 앞서든
너와 나 사이
그렇고 그런 사이,

좋겠구나

너른 들판 꽃 한 송이

너였으면 좋겠다
너른 들판에 외로이 핀대도
너였으면 좋겠다
외딴 구석에 고독하게 산대도

비바람 몰아쳤던 밤,
번개 같은 아픔에 잠 못 이뤘대도
깊은 밤 너머 별을 본 이,
너였으면 좋겠다

벌판의 꽃 한 송이 눈짓하는 너
밤하늘의 외딴 별 하나 감싸주는 너
너였으면 좋겠다
너라면 좋겠다

시집

시집(詩集) 두 권 분량
아내에게 주었더니

잠시 후 아내는
시집 두 번 가야겠단다

시(詩)가 뭐라고…

피(藘)의 기도

늘
삶은
고달파
하루하루
빌고 또 빌어
달님에게 안기다

먹을 게 많아, 먹을 게 없는
피는 뽑히고 베이고 잘리는 아픔을 어찌하랴

우체통

그대여
어둠이 잔뜩 내린
골목 어귀에서
텅 빈 가슴 안고
텅 빈 골목을 지키는 우체통에
건네지 못한 그리움을 넣었습니다

그대여
혹여 찬바람 이는 이 밤에
별처럼 외로우시거든
우체통에 넣어둔 그리움 한 개
속달로 보내겠습니다

그러니 그대여
컴컴한 골목에서 뒹구는
낙엽처럼 떠밀릴 때엔
외딴 골목
우체통으로 오셔요

봉황섬터에서

봉황섬터 비껴가는
거센 물살,
철렁하는 내게 호통친다

소리 없이 울어대다가
내리지도 못한 채,
꺾이고 꺾인 몸으로 덜컹대며 소리친다
온몸으로 고함친다

이까짓 물살에도 놀랐냐고
맹골수도 사나운 바다라면 어쩌겠냐고

그렇지
맹골수도 거기에선
수백의 원혼들이 놀라 자빠졌지,
구천에서 떠돈다지
소풍 가다 집으로 돌아가지 못한 설움,
날이면 날마다 울부짖고 피 토한다지

거기에선
세월호의 파동이 눈물이 되고 폭풍이 되고 태풍이 되어
맹골의 사나운 파도 만들었다지

이까짓
산그림자 하나도 담지 못하는 울음이
무슨 울음이 되겠냐고
세월이 멈춰버린 그 자리,
차마 별들도 웃지 못한다는
거기가 있는데

무심한 밤

아유 시끄러!
아내가 투덜대는 밤

집 앞 모심을 논에 가득한 슬픔
개구리 종족의 장송곡 소리

하늘은 불을 끄고 묵념
논 가에 꽂힌 촛불은 소리 없는 추모의 깃발
아내는 모를 개구리 장례식,

그제 밤이었다
아내의 후진 차에 치여
죽은 개구리가 있었다
그리고 오늘 삼일장 치르는 날이다

아내는 모른다
무심코 무심했던 밤

시시포스도 아닌데

그의 낯빛처럼 하늘은 무너지려
강변 돌아가는 길에 눈물 몇 개 뿌려
하루도 힘들었으리

연말(年末)은 주저앉는 탑
새해는 잿빛으로 물든 신기루
봄은 아직 먼 데
봄은 아직 먼데

함께 짬뽕을 먹는 중
천 근의 돌덩이 몇 개
그의 목에 자꾸 걸린다
면발은 자꾸 끊겨지고

동향(同鄕)의 유명 작가가 그의 친구라는데
잘 나가는 친구라는데
그는 어느 시인처럼
고향에 돌아와도 고향이 아니었으리

희망은 현실에 자주 사기쳤으리

섬진강은 비에 젖어
목마르게 흐르는데
애타게 흘러 흘러 가는데
억새풀 흔들리는 이내*
바람이 분다

*낮과 밤이 교대하는 시간의 하늘

해설

기복진, 농부 시인 시(詩)를 읽다

이기철(시인)

  그는 농부다. 부농(富農)은 아니지만 소작농도 아니다. 10여 년 전부터 임야를 포함, 2천여 평에 가까운 땅을 마련해 두었지만 이러저러한 속 쓰린 사정을 빼고 나면 겨우 1천여 평만 자신이 감당하는 몫이다. 욕심을 내려놓는 법과 타인을 배려하는 방식을 동시에 배운 셈이라고 말한다.

  기복진 시인이 첫 시집 『산골 농부의 풍경이 있는 시』를 상재(上梓)했다. 어설픈 농군(農軍)이지만 농사지으며 본 풍경과 단상(斷想)이 눈앞에 그려지듯 펼쳐진다. 느끼고 새긴 땀방울은 오롯이 시(詩)가 되어 나타났다.

  시인이 가꿔 놓은 땅에는 살구나무, 복사나무, 매실나무 등과 고구마, 감자 등속을 비롯 그가 가장 아끼며 사랑하는 꾸지뽕나무가 있다. 나무는 도장지(徒長枝) 작업을 가끔 해줘야 한다. 가지치기가 필요하다는 말이다. 그

때마다 당하는 고통, 피할 길 없이 매서운 '가시'에 찔린다. 하지만 엄나무, 탱자나무에 비해 순하다. 살기 위해 몸부림치는 나무라도 그 쓰임을 다하면 성질을 죽일 줄도 아니깐.

가시는 한때 담을 대신했다. 하지만 삭막한 시멘트로 바른 높은 담벼락보다 훨씬 정감 있다. 이웃을 찌르지도 않았고 서로 안부를 묻고 건네는 인정이 있었다. 시인은 이렇게 가시를 순하게 만드는 방법을 자연을 통해 배우며 산다.

가시 없는 자 누구랴/투명한 설움 없는 자 누구랴/칼날 같은 탯자리엔 유랑의 뿌리만 남겨지고/독기 품은 허공엔 독설의 부엽만이 떠돈다//가시 없이 사는 자 누구랴/가시 없다 말할 자 누구랴/갈망하는 청명의 자리마다 피어나는 가시 꽃을/안팎의 유혈만이 드러내는 순수를/외면할 자 누구랴//살고 살아오면서/가시를 모르는 맹물이 진국이랴/가시를 피우지 못한 불구가 실과이랴//가시 돋친 그대,/개선장군처럼 당당하라!
　　　　　　　　　　　―「가시 없는 자 누구랴」 전문

시인 아호(雅號)는 반송이다. 전남 곡성군에서도 깊숙이 자리 잡은 죽곡면 반송마을에 산다. '반석 위 소나무'

라는 뜻. 그곳에는 마을을 지켜준다는 당산나무 한 그루가 있다. '마을 지킴이' 역할을 한다. 흔히 신당(神堂) 옆에 두는데 그 몫을 느티나무가 감당하고 있다. 이 나무는 속이 잘 썩는 나무다. 어느 정도 온전함을 남기고 마침내 속이 텅 비어 버리지만 육중한 무게를 견뎌낸다. 이 마을 속사정을 다 알고 있었으니 그럴 만도 하다. 시인은 위로를 보낸다. "바람통에 살았지만 결코/휘어지진 않앗"다며 "차—암 잘 살았어"라고 다독여준다.

타자(他者)에게 거는 말이겠지만 숨은 의도는 '자기 위로'다. 시인이 이런 말을 한 적 있다. "지금까지 잘 살아오고 있는 이유는 용기가 없어서다. 그저 연명했다"는 자조(自嘲). 그가 느티나무에게 배운 일은 티 내지 않고 버텨온 세월을 읽었기 때문이다.

자—알, 살았지//극심한 기온 차가 만든/안개는 날마다 용오름이었어/바람통에 살았지만 결코/휘어지진 않았지//비록 바람에 밀려/잎들 모두 잃었어도/이젠 바람에 걸리지 않아/자유를 안 거야//비로소 나는 사랑을 얻었지/내게 다가온 그대를/품을 수 있는 사랑을/내게 둥지 트는 그대를//차—암, 잘 살았어
―「반송마을 느티나무 고백」 전문

시인이 가져야 할 첫 번째 덕목(德目)은 관찰력이다. '살핌'이라고 말해도 좋다. 아무도 눈길 주지 않는 삶에 대한 연민을 비롯 그들을 응원하는 마음을 가져야 한다. 이 점을 놓치면 시는 음풍농월(吟風弄月)에 불과하다. 다행히 기 시인은 이런 일에 능통하다. '자연을 벗 삼아' 산 지 제법 되었기에 귀 기울임을 할 수 있다.

전신주 공사를 하게 되면 언제나 굵은 전선(電線, 전깃줄)을 나무 바퀴에 칭칭 감아 운반한다. 쓸모없게 된 바퀴를 버리고 갈 경우가 있다. 시인은 이를 마당에 내놓았다가 따뜻한 날에는 가끔 식탁으로도 썼지만 내버려 뒀을 게 분명하다. 대신 자리를 차지한 '햇살, 바람, 비, 씨앗'들이 지들끼리 놀다가 간 흔적을 남겼다. 흔적(痕迹)이란 물릴 수 없는 후회 아닌가? 미안함에 그들 '생의 사중주'를 들어보는 시인은 죄인이다.

탁자로 쓸 나무 전선 바퀴/마당에 놓았더니/햇살과 바람과 비가 거기서 놀았지요//마당 탁자의 틈새 골짝/아무도 모르게 숨어 있던 해바라기 씨앗 몇 개/햇살이 웃어주고/빗방울이 울어주고/바람이 위로해 주고/하늘이 안아주어/풀 죽던 씨앗 봄을 얻듯 싹 틔웠지요//비록 한 생애/혹 꽃을 피우지 못한다 하여도/또는 열매 맺지 못 한다 하여도/그대, 이미 이룬 생(生)/그대는 생의 사

중주(四重奏)//오늘도 나는 그대에게 갑니다
―「생의 사중주(四重奏)」 전문

'자신의 글에 대한 심각한 오역과 제멋대로의 해석을 해명하려다 목이 잠겨 말이 나오지 않았다'. 시인이 어느 날 베갯잇 흠뻑 적시며 꾼 꿈 이야기다. 엄중한 글쓰기 부담은 작가라는 타이틀을 다는 순간 피할 길 없다. 그만큼 치열한 각성이 필요하다는 주문이다. 얼마나 시달렸을까를 생각하면 짠하다가도 당연하게 생각한다.

'흔들림'은 유약(柔弱)이 아니라 강약(强弱)을 조절할 줄 아는 능력이다. 배운 척하는 폼보다 배우기를 멈추지 않는 자세를 견지해야 한다. 그렇다 하더라도 시인은 남들이 하는 말도 자세히 듣고 옳다고 생각되면 시인(是認)할 수 있어야 한다. 교만한 자세는 욕심 탓이니 경계할 일이다.

숲속을 가본 이는 안다. 나무만 울창한 게 아니다. 그 주변부에 있는 관속 식물 중 하나가 '강아지풀'이다. 볼품없고 종종 외면당하지만 사실 개척자다. 불모지에 먼저 들어와 지반을 안정시키고 나무가 살아갈 윤택한 토양을 만든 일등 공신이다. '쓸모없는 놈'이라는 말을 가끔 듣는다. 세상에 그런 것은 없다.

사실,/흔들리지 않았던 적은 없었다/다만,/흔들리지 않으려 했을 뿐//낮에는 하늘을/밤에는 별님을/흐느적거리며 보았을 뿐//그러다가/전혀 꽃답지 않은 꽃이 피었고/아주 작은 씨가 맺혔을 뿐//사실 난,/늘 흔들렸을 뿐……

—「강아지풀」 전문

자기 몸을 태워 주변을 밝혀주는 '촛불'은 그 상징성 때문에 두루 인용되고 있다. 소원, 축하 의미도 있지만 간절함에 이르는 도구다. 성서에 '빛과 소금이 되라'는 말이 자주 인용하는 이유도 거기에 있다. 자기 희생을 통해 오히려 희망을 얻은 많은 이들 반성문이라고 해도 되겠다.

이 시는 얼핏 보면 아내에게 바치는 헌시(獻詩)로 읽히지만 한용운 시인이 남긴 '님'처럼 두루 확장해 해석해도 된다. 우리는 이미 '촛불 시민'으로서 시대를 감당한 경험이 있다. 단순명료한 단어지만 개인도 역사며 시대를 벗어날 수 없다. 원래 조용조용한 성격이어서 겉을 잘 나타내지 않는다. 시인과 직접 몇 번 대화를 나눈 자리에서 그가 가진 강직함을 이미 확인한 바 있다.

    오늘만은 딱 한 개라도
    촛불을 켜겠습니다

오로지 당신만을 위하여

해는 아직 남아서
하루를 다 채우지 못해도
오늘만은 꼭
당신의 하루가 풍성하기를
빌고 또 빌겠습니다
마침내 보름달 되기까지

비록 당신은 홀로
이 땅을 힘겹게 버틸지라도
저는 달님에게 빌겠습니다
당신의 빛나는 하루를 위하여

촛불 하나 가득 태우기까지
오직 당신을 위해 기도하겠습니다
달빛 가득히 당신에게 임하도록

―「촛불」 전문

시집은 총 4부로 구성되어 있다. 1부, '생의 사중주(四重奏)'를 시작으로 '압록에 와 보라', '보성강 돌탑', '곁'으로 끝난다. 시인이 사는 곳은 앞뒤가 산으로 막혀 있다.

시는 같히면 안 된다. 너무 의욕이 앞서서 실패하는 일이 없었으면 한다. 아니 실패해도 괜찮다.

확장(擴張)을 위해 고민할 때다. 급할수록 돌아가라는 말이 있듯 작가에게는 퇴고(推敲)라는 과정이 필수다. 교양 과목은 빼먹어도 되지만 필수 과목을 외면하면 낙제를 금할 수 없다.

다행히 주변에 기 시인을 돕는 선생이 많은 줄 알고 있다. 그들이 들려준 절망, 낙담, 좌절, 도전, 희망에 관한 메시지도 접했지 싶다. 배우는 자는 배고팠던 과거를 잊지 말아야 한다.

첫 시집은 다음을 향한 여정(旅程) 첫 단추다. 꼼꼼하게 더욱 자신을 뒤돌아봐야 한다.

Next!

시인의 말

 시가 내게로 왔다는 고백은 파블로 네루다 시인만의 고백은 아닌가 봅니다. 산골에서 살아가는 제게도 시가 왔으니까요.

 도시에서의 삶이 지쳐갈 무렵, 고향이자 산골마을로 들어온 지 십이 년이 지났습니다. 농부가 되겠다고 했지만 언제나 농사는 어렵기만 했습니다. 답답할 때면 산골의 풍경을 보았고 밤하늘의 별과 달을 보곤 했습니다. 그러면서 자연스레 제 일상을 쓰듯 카카오스토리에 단상을 남겼습니다. 제가 본 풍경들과 함께.

 귀농이라는 거창한 말 뒤에 생활고라는 현실이 있었기에 농사일 외에 틈틈이 아르바이트를 했습니다. 여름철이면 물놀이안전관리요원, 봄철이면 산불감시원 등을 했습니다. 덕분에 제 고향의 산하를 참 많이 볼 수 있었고 그것이 때때로 제겐 위로가 되었으며 시가 되어 제 가슴을 적셨습니다.

 그렇게 끄적였던 글들을 보고서 많은 분들께서 제게 덕담을 주셨습니다. 시인이시냐고 묻기도 했고 시집 언제 내냐고도 하셨습니다. 제게는 당치도 않는 덕담이지만 이번에 감히 시집을 내게 되었습니다. 그렇다 하더라도 저는 여전히 산골에서 살고 있는 농부입니다. 그러므로 앞으로도 지금까지 해 왔던 대로 산과 강을 보고 꽃을 사진에 담고 달과 별을 노래할 것입니다. 이 시집은 여러분들의 덕분으로 나올 수 있게 되었습니다. 십여 년째 같이 하고 있는 독서모임인 '책바구니' 회원들의 무한 다그침의 힘이 컸습니다. 무엇보다 이 시집이 나오기까지는 울산에 계시는 이기철 시인님의 격려가 아주 컸습니다. 시를 어떻게 써야 할 것인가는 이원규 시인님의 가르침이 큰 힘이 되었습니다. 아울러 산골에서 사느라 마음고생 많았던 아내에게 감사의 마음을 전합니다.

                        2024년 5월 산골마을 골짝에서
                                  산골 농부 기복진

산골 농부의 풍경이 있는 시

2024년 5월 22일 초판 1쇄 펴냄

지은이 _ 기복진
펴낸이 _ 양문규
펴낸곳 _ 詩와에세이

신고번호 _ 제2017-000025호
주　　소 _ (30021)세종특별자치시 조치원읍 충현로 159, 상가동 107-1호
대표전화 _ (044)863-7652
팩시밀리 _ 0505-116-7653
휴대전화 _ 010-5355-7565
전자우편 _ sie2005@naver.com
공 급 처 _ 한국출판협동조합
주문전화 _ (02)716-5616
팩시밀리 _ (031)944-8234~6

ⓒ기복진, 2024
ISBN 979-11-91914-58-0 (03810)

* 지은이와 협의하여 인지는 생략합니다.
* 이 책 내용의 전부 또는 일부를 재사용하려면 반드시 지은이와
  詩와에세이 양측의 동의를 받아야 합니다.
* 책값은 뒤표지에 표시되어 있습니다.
* 이 책은 전라남도, (재)전라남도문화재단의 후원을 받아 발간되었습니다.